LES
ŒVVRES
BVRLESQVES
DE
Mʳ SCARRON.
IIIᵉ PARTIE.

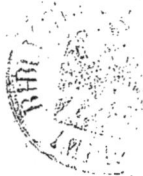

A PARIS,

Chez TOVSSAINCT QVINET, au Palais,
fous la montée de la Cour des Aydes.

———————————

M. DC. LI.

AVEC PRIVILEGE DV ROY.

1263

A MONSIEVR
GALARD
CONSEILLER
DV ROY EN SES CONSEILS D'ESTAT ET PRIVE´, MAISTRE DES REQVESTES, &c.

MONSIEVR,

Ie vous dedie vn petit Liure pour vous remercier de beaucoup de farine que vous m'auez dônée durant le blocus: vous auez cru, peut-eftre, que ie ne m'en fouuenois plus, ou plûtoft vous eftes affez genereux pour auoir oublié vn prefent, que vous me fiftes fi à propos, & dont ie me ferois acquitté plûtoft, fi i'auois cru le pouuoir faire. Il n'y a rien en ce monde que ie puiffe dire eftre veritablement à moy, que ma maladie bizarre, & ma Poëfie qui l'eft encore plus; ie n'aurois pas bonne grace à vous offrir ma maladie, dont ie croy mefme que vous ne voudriez point; & pour ma Poëfie, elle eft aujourd'huy fi commune, que j'auouë ne vous rendre que du fon pour de la farine, fi vous eftiez homme à vous payer In Cute, puis que ie ne le puis faire In Ære, ie me donnerois gayement à fuftiger à qui vous l'ordonneriez, & ie ferois bien encore d'autres chofes pour vous plaire, mais ce n'eft pas à vn homme immobile de promettre mons & merueilles, & ie me trouue bien effronté de vous ofer dire auffi bien qu'vn homme fain, que ie fuis de toute mon ame,

MONSIEVR,

Voftre tres-humble, & tres-
obeïffant feruiteur,
SCARRON.

FACTVM.

OV

REQVESTE,

OV TOVT CE QV'IL VOVS PLAIRA.

Pour Paul Scarron, Doyen des Malades de France.

Anne Scarron, pauure veufue deux fois pillée durant le bloccus.

Françoise Scarron, mal-payée de son locataire: enfans du premier lict de feu Maistre Paul Scarron Conseiller en Parlement; tous trois fort incommodez, tant en leurs personnes qu'en leurs biens, defendeurs.

Contre *Charles Robin fieur de Sigoigne, mary de Magdelaine Scarron.*

Daniel Boilleau fieur du Pleffis, mary de Claude Scarron : Et Nicolas Scarron enfans du fecond lict, tous fains & gaillards, & fe réjoüyffans aux dépens d'autruy, demandeurs.

TOut le monde fçait que le bon-homme Scarron pere des deman-deurs & defendeurs, a vefcu toute fa vie en Philofophe, & fi l'on veut en Philofophe Cinique. Il fut le meilleur hom-me du monde, & non pas le meilleur Pere en-uers fes enfans du premier lict: Il a menacé cent fois fon fils aifné de le desheriter, par-ce qu'il luy ofoit fouftenir que Malherbe fai-foit mieux des vers que Ronfard, & luy a predit qu'il ne feroit iamais fortune, parce qu'il ne lifoit pas la Bible, & n'eftoit iamais efguilleté.

Il ne faut pas s'eftonner fi vn homme ayant fes maximes-là, n'a iamais fçeu s'il auoit du bien, ou non. Sa feconde femme Françoife de Plaix, la plus plaidoyante Dame du monde,

luy

luy en ayant tellement ôté la connoiſſance,
qu'en vne maladie qu'elle eut, qui fit peur à
ſon mary d'eſtre veuf, il la conjura de luy laiſ-
ſer apres ſa mort vne penſion de ſix cens liures,
il a pourtant laiſſé aſſez de bien à ſes enfans, s'il
eſtoit egalement partagé, & ſi tout n'eſtoit d'vn
coſté & rien de l'autre.

Il a laiſſé dans le monde trois enfans du premier mariage, & autant du ſecond, qui ſe ſont
portez pour Heritiers auec leur mere, & ſe ſont
emparez du bien, ſelon la couſtume des enfans
d'vn ſecond lict.

Les enfans du premier lict ont demandé le bien
de leur mere, & la part qui leur appartient en celuy de leur pere, il y a ſix ans qu'ils plaident ; &
trois ans que leur procez eſt en eſtat, ſans pouuoir
le faire iuger, à cauſe des chicaneries inoüies du
ſieur de Sigoigne, mary de l'vne des filles du
ſecond lict, qui ſe dit l'ame de leur procez, (ce
ſont ſes propres termes) ie vous laiſſe à penſer
ſi cette ame là, eſt bonne ou mauuaiſe.

Il s'eſt perſuadé qu'à la longue le fort emporteroit le foible & que la foibleſſe & la pauure-
té de ſes parties, ne pouuant reſiſter à la force

é

de ſes chicanneries, & au credit de ſes parens,
ils-feroient à la fin contraints d'abandonner le
procez.

Voicy les deux raiſons inuincibles dont il
ſe ſert pour refuſer à ſes parties le bien de leur
mere, & ce qui leur appartient en celuy de leur
pere.

La premiere eſt, qu'il a oüy dire à vn bon
Religieux, grand amy du Confeſſeur, de la
niepce d'vne blanchiſſeuſe, qui eſtoit ſœur de la
femme de Chambre, de la premiere femme du
bon-homme Scarron ſon beau-pere; Qu'eſtant
à l'extremité de ſa vie, elle auoit demandé pardon à ſon mary de ne luy auoir point apporté
de bien; que cette femme de Chambre l'auoit
dit à cette blanchiſſeuſe, cette blanchiſſeuſe à la
Niepce, cette Niepce à ſon Confeſſeur, ce
Confeſſeur à ce bon Religieux, & ce bon Religieux qui n'auroit pas voulu mentir au ſieur
Sigoigne. *Ergo*, gluc.

La ſeconde qui n'eſt pas ſi longue à rappor-
ter. Que Françoiſe de Plaix ſa belle-mere, ſeconde femme du bon-homme Scarron, luy
auoit promis ſolemnellement par contraƈt de

mariage, que les enfans du premier lict, n'au-
roient iamis part au bien de la maison qui estoit
assez considerable, puis que ladite de Plaix a
auoüé que du viuant de son mary, il montoit à
vingt mille liures de rente, si bien que sans son
jeu, & sans les banqueroutes que l'on luy a
faites, à cause qu'elle mettoit son argent à trop
gros interest, elle se feroit bien-tost mise à son
aise, elle qui estoit assez auare, pour auoir vn
iour fait appetisser les trous de son sucrier; l'en
pourrois conter cent stratagémes de ménage,
aussi plaisans que rares, si ie n'auois icy dessein
de faire pitié plûtost que de faire rire.

Messieurs des Requestes du Palais n'ont pas
beaucoup deferé à ces belles raisons-là, ayant
condamné les enfans du second lict, de restituer
à ceux du premier, ce qu'ils ont reconnu leur
appartenir, auec despens.

Vn Arrest de la grande Chambre alloit con-
firmer la sentence des Requestes, quand l'inge-
nieux Sigoigne fit interuenir à vn scellé que l'on
fit à la mort de leur mere, vn nommé Pannier,
Paguier, ou Pasquier, ou comme il vous plai-
ra; car on n'a iamais bien sçeu, ni comme il

s'appelloit, ni d'où il estoit, ni qui il estoit, ni mesme s'il estoit, tant-y-a qu'vn Procureur nommé Bruslé, interuint pour Pannier Huguenot Aduocat de la Rochelle, disant qu'il auoit gagné au Hoc trois mille francs audit Sigoigne, qu'il s'entendoit auec ses parties pour ne payer pas, & qu'il demandoit le renuoy de l'affaire à l'Edict.

On remarquera que la promesse est faite la veille de l'interuention.

La Chambre de l'Edict allant donner vn Arrest au raport de Monsieur Seuin, le mesme fantosme a reparu de nouueau, qui demande euocation en vn autre Parlement.

On a fait sommer Sigoigne de faire cesser les pourfuites de son creancier particulier. On peut voir sa réponse dans la sommation produite sous la cotte D.

Ie laisse à iuger à Messieurs du Conseil, si vn procez doit estre eternel, parce qu'vne des parties a ioüé de mal-heur au Hoc.

Si le sieur de Sigoigne n'est pas obligé pour son honneur de nous faire voir enfin ce merüeilleux Pannier.

Si Paul Scarron malade depuis vnze ans, &
encore plus pauure que malade, eſt en eſtat d'aller plaider à Caſtres, luy à qui vne ſeule viſite
qu'il a faite depuis peu chez Monſieur le Chancelier, a cauſé vn grand mal de dos, & luy
a fait dire plus de deux mille helas, plus de deux
cents ie renie ma vie, & autant de maudit ſoit
le procez.

S'il eſt raiſonnable que les enfans du ſecond
lict, ayent des chiens courans, & des caroſſes,
tandis que Paul Scarron qui n'a point d'autre
bien que ſon procez, eſt endetté par deſſus la
teſte, & a laſſé tous ſes amis; Qu'Anne Scarron
va dans les ruës de ſon pied, la teſte la premiere, & crottée iuſqu'au cul, façon de marcher
qu'elle a retenuë de ſon pere.

Que Françoiſe Scarron qui eſt plus propre &
plus delicate, n'a pas le moyen d'aller en chaiſe,
& gaſte quantité de beaux ſouliers.

Enfin, ſi les chicaneries peuuent eſtre renduës
immortelles, & ſi il n'y va pas de la reputation
des Iuges, que ce pauure malade ſoit contraint
de ſe faire porter de la porte du Conſeil, à celle
d'vne Egliſe.

Meſſieurs du Conſeil ſont trop iuſtes, pour n'arreſter pas le cours de tant de chicaneries, & ſi ils ſont aſſez indulgens pour ne pas faire roüer tous vifs le frere & les beaux-freres des enfans du premier lict, & pendre leurs femmes comme recelleuſes, pour auoir vollé leurs propres freres & ſœurs dans la capitale du Royaume, & à la barbe de la Iuſtice, plus hardiment qu'on ne fait dans les grands chemins; Au moins ſeront ils aſſez iuſtes pour les condamner aux dépens, dommages & intereſts enuers les enfans du premier lict. Amen.

Monſieur DE LA MARGVERIE Raporteur.

CABOVD Aduocat.

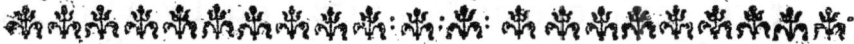

SVITE
DV FACTVM.

LES causes d'euocation, dont se sert Nicolas Scarron contre les defendeurs sont si ridicules, qu'on a negligé de les destruire dans le factum.

C'est la coustume des demandeurs de faire des productions vaille que vaille, & de se mettre peu en peine s'ils scandalizent les Iuges, pourueu qu'ils empeschent de iuger.

Les defendeurs agissent autrement, & ne produisent rien il y a longtemps de peur d'allonger le procez, & de faire croire aux Iuges qu'ils se deffient de leur bon droict.

Messieurs du Conseil sont trop clair-voyans, pour ne trouuer pas les causes d'euocation de Nicolas Scarron aussi foibles, que celle de l'inuisible Panier, si tant est qu'il y ait vn Panier autre part que dans l'imagination forte du sieur Sigoigne, qui aura bien de la peine à prouuer

par vn certificat de Miniftre, qu'il y a vn Aduocat Huguenot à la Rochelle nommé Panier.

Et fi ce bon joüeur de Hoc, n'eft pas vn
fantofme, au moins eft il vne eftrange homme de fermer les aureilles à l'offre que font les
defendeurs de le payer, fauf leur recours contre Sigoigne, & il faut qu'il ait l'ame bien chi-
canante d'aimer mieux vn procez que le paye-
ment d'vne dette, en vn temps où l'argent eft
fi cher.

Quoy que Panier & les demandeurs agiffent
par vn mefme efprit de chicane, il y a pourtant cette difference entr'eux, que Pannier re-
fufe ce qu'on luy doit pour faire durer vn procez, & les demandeurs font durer vn procez pour
refufer ce qu'ils doiuent.

Mais c'eft trop parler de Panier, reuenons à
Nicolas Scarron.

Les parens qui luy font communs auec fes
parties ne font que trois, Pierre Scarron Euefque
de Grenoble, Confeiller honoraire, Iean Scarron fieur de Vaujour, & Profper Bauin ; ceux
de fes beaufreres, ne luy doiuent pas eftre fu-
fpects, puifqu'il a mefme intereft qu'eux, s'eft

porté

porté comme eux heritier pur & fimple, qu'il rouit du bien comme eux; qu'il le menge comme eux; qu'il ayme le bien comme eux, & le rendra comme eux le plus tard qu'il pourra.

Pour rendre la chofe vray-femblable, il a fait vne querelle d'Allemand, à fes fœurs, & à fes beaufreres, & leur a demandé auffi bien qu'aux defendeurs, vne prouifion de vingt mil liures; le pauure enfant, qui n'a que vingt-fix ou vingt-fept ans, & qui pourroit déja auoir augmenté le nombre des viuans de quelques-vns de fa façon s'eft contenté fix ans durant de quelque argent que luy ont donné fes beaufreres, pour acheter des tartelettes, & des toupies, & ne s'eft auifé de demander du bien que fix femaines deuant l'euocation, & cependant il eft aifé de prouuer, qu'il eft bien fuiuy, bien monté, bien veftu, & bien nourry, & s'il n'a encore rien contracté de mauuais de l'affinité de fes confors, il ne niera pas, qu'il n'ait auoüé à Paul Scarron fon frere, qu'il receuoit efgalement auec fes fœurs le reuenu de la fucceffion, furquoy on le feroit iurer, fi cela n'allongeoit point le procez.

Les enfans du premier lit deuroient bien plus

toſt que luy, demander vne prouiſion, mais ils eſperent que Meſſieurs du Conſeil les mettront bien toſt en eſtat d'auoir vn Arreſt du Parlement qui confirmera la ſentence des Requeſtes du Palais, qui leur a adjugé tous dépens, dommages & intereſts. C'eſt la ſeule eſperance dont le pauure Paul Scarron repaiſt ſes creanciers, gens acariaſtres qui ne gouſtent point ſa poëſie & qui ſur vn poëme de mille vers burleſques ne luy feroient pas credit d'vn double.

I'auois oublié que les enfans du ſecond lict ne plaident que ſur des oüy dire & des conjectures, & ceux du premier ſur des contracts & quittances, & que ces meſmes enfans du ſecond lict, ont creu que leurs parties eſtans enfans auſſi bien qu'eux du bon-homme Scarron, qui croyoit ſa ſeconde femme en toutes choſes, deuoient par bien-ſeance auoir la meſme ciuilité pour les enfans de ladite ſeconde femme qui ſont leurs freres, & ne voudroient pas degenerer de leur pere dans ſa ſimplicité & ſon indiferance pour le bien, vertus qu'ils ſouhaitent plus que toutes autres à leurs parties.

TABLE
DES PIECES
CONTENVES A LA
Troisiéme Partie des Oeuures
Burlesques de Mr Scarron.

LES OEVVRES

LES
OEVVRES
BVRLESQVES
DE Mr
SCARRON.
IIIe PARTIE.

REMERCIEMENT
A SON ALTESSE
LE PRINCE
D'ORANGE.

H A! vrayement ce n'est pas pour rien
Que tu t'es coiffée à la mode,
O ma petite teste brode :
O mon petit muzeau de chien :
O ma Muse que tu sens bien
Pour qui ie te demande vne Ode :
Et si tu le sens bien, comment n'as tu point peur
D'en sortir mal à ton honneur ?

A ij

REMERCIEMENT

❧

C'eſt pour GVILLAVME DE NASSAV.
Tu ris, ma petite Camarde,
Et tu deuiens toute gaillarde
A ce Nom ſi grand & ſi beau,
Et moy ie tremble dans ma peau,
Songeant à ce que ie hazarde,
Moy qui iuſques icy, n'eus iamais qu'à prier,
Et iamais à remercier.

❧

Je ſeray deſorienté
Petit Rimeur de triquenique,
Si laiſſant le ſtille Comique,
Où mon Genie eſt limité
Auec trop de temerité,
Je me meſle de l'Heroïque;
Ma teſte tournera ſi ie monte ſi haut
D'où ie pourray prendre vn grand ſaut.

AV PRINCE D'ORANGE.

Quelque Mizantrope animal,
Qui toûjours pique, mort, ou pince,
Dira que mon stille est bien mince,
Et mon Pegaze vn franc cheual :
Mais il n'importe bien ou mal,
Ie dois remercier ce Prince,
Et i'aime mieux passer pour Rimeur languissant,
Que pour Rimeur méconnoissant.

Il m'a fait vn present si beau,
Que quelque enuieux de Poëte
S'imaginant que sa trompette
Vaut mieux que nôtre chalumeau,
Vn beau matin d'vn beau cordeau
S'estranglera par la luette,
Tandis que moy petit, qui peu m'en souciray
Du riche present iouïray.

JEAN ARMAND mort depuis huict ans
Tenoit nos Muses bien vestuës,
Helas! aujourd'huy toutes nuës,
Au moins en habits fort meschans.
Les pauurettes courent les champs,
Les pauurettes courent les ruës:
Les seuls Vltramontains emportent tout nostre or,
Par exemple, la LEONOR.

PIERRE SEGVIER, que le mal-heur
Qui regne aujourd'huy sur Parnasse,
A fait descendre d'vne place,
En laquelle son successeur,
Fust-il de Caton le Censeur,
Ne fera pas peu s'il l'efface,
A suiuy JEAN ARMAND en ce noble dessein,
Rauitaillant maint Escriuain,

❦

Nos affamez par sa bonté
Ont eu dequoy manger & boire,
Et si les filles de memoire
Chez la docte posterité
Ont iamais quelque authorité,
Et dans le carme, & dans l'histoire
On n'a pas mieux parlé du grand François Premier
Que l'on parlera de Seguier.

❦

Il fait aux champs mille enuieux
Sans que sur luy l'on puisse tondre
Maint Autheur qui se sent morfondre,
Regardant tristement les Cieux
S'écrie ô siecle ! ô mœurs ! ô Dieux!
Siecle, mœurs, Dieux, sans luy répondre
Ou par belle malice ou manque de pouuoir,
Ne font pas semblant de le voir

Ce n'eſt que maroquin perdu,
Que les Liures que l'on dedie
Depuis que Montoron mandie.
Montoron dont le quart-d'écu
S'attrappoit ſi bien à la glu
De l'Ode & de la Comedie
On ne voit plus perſonne à l'Autheur indigent
Preſenter la piece d'argent.

NOS PRINCES ſont beaux & courtois
Doux en faits ainſi qu'en paroles;
Mais au diable ſi deux piſtolles
(Fut-on deuant eux aux abbois)
Sortirent iamais de leurs doigts
Arbaleſtres à Croquignoles,
Et l'Autheur enragé qui leur fait vn ſonnet
N'en tire qu'vn coup de bonnet.

PRINCE

PRINCE DE NASSAV Dieu-mercy
Voſtre Alteſſe n'eſt pas de meſme,
Voſtre courtoiſie eſt extreſme,
Voſtre largeſſe l'eſt auſſi :
Les *PRINCES* qui viuent ainſi
Meritent plus qu'vn Diadeſme.
Vous m'auez fait du bien (ou ie me trompe fort,)
Qui fera bien du mal au Nort.

Ils ſont très-grands imitateurs
Les Eſcriuains de noſtre France,
Eſtocadeurs à toute outrance,
D'argent comptant grands amateurs ;
Qu'vn Prince ſoit bien ailleurs,
Rien ne ſe perd pour la diſtance :
Vn Autheur affamé ne plaint gueres ſes pas
Pour trouuer vn bon Mecenas.

B

AV LECTEVR FRANCH.

Cette importune Nation
A de grands desseins sur le cuiure,
De celle en qui l'on voit reuiure
Gustaue, qui fut vn Lion,
Qu'elle fasse prouision
D'armes à l'espreuue du liure;
Que des Autheurs François Dieu la vueille garder,
Ils la vont bien estocader.

Heinsius & Salmasius,
Qu'en François nous disons Saumaize,
Et Menage (car n'en desplaise
Aux noms terminez en Iüs,
Sans l'appeller Menagius)
Il ne faut pas que ie le taize,
Ont receu des honneurs à leur merite égaux
Par cette Heroine des Gots.

Sa courtoisie & sa bonté
Ont bien fait ouurir les aureilles
A nos enfanteurs de merueilles,
Chacun d'eux plein d'auidité
Ajuste pour sa Majesté
Les productions de ses veilles:
Mais prenez garde à vous, Messieurs les Apollons,
Le Nort est contraire aux Freslons.

Dieu vous donne vn bon bouclier
Contre ces gueux que Dieu confonde,
La plus sotte race du monde:
Ce sont des gasteurs de papier,
Et moy mesme tout le premier:
Pour vn en qui Phœbus abonde,
Mille autres font des Vers, qui sont en verité
Du siecle l'incommodité.

B iij

Pour parler de VOVS en amy,
O genereux PRINCE D'ORANGE,
Il faudroit estre plus qu'vn Ange;
A peine suis-je homme à demy,
Ie ne suis rien qu'vne fourmy,
Qu'vn mal des maux le plus estrange,
A fait d'un animal de son corps bien vsant
Vn animal toûjours gisant.

Oüy pour vn PRINCE DE NASSAV,
Prince en paix aussi bien qu'en guerre,
Le plus accomply de la terre,
Vn Arma Virumque Cano,
Ou quelque chose de plus beau,
Aussi bruyant que le tonnerre,
N'est pas encore assez : mais pauuret que ie suis
Ie donne tout ce que ie puis.

❦

A l'exemple du Createur,
Qui du moindre ver tire Eloge,
Sans que cela pourtant déroge,
Ou faſſe tort à ſa grandeur,
Regardez ſeulement au cœur,
Et non pas au corps qui le loge,
Vt lors le zele ardent d'vn homme de bas prix
Ne vous ſera plus à meſpris.

❦

Les bien-heureux qui chaque iour
Sont veus de VOVS, & qui vous voyent,
Ne font rien de trop, quand ils croyent
Que vous meritez leur amour,
Et que l'Vniuers en ſon tour,
Où tant de grands PRINCES flamboyent,
De ſon œil clair-voyant, qu'on appelle Soleil,
N'en voit point à VOVS de pareil.

B iij

Pour moy petit Parisien
Ie vous conçois tel que vous estes,
Les grandes choses que vous faites
Qui rauissent les gens de bien,
Et qui par tout en moins de rien,
Font plus de bruit que des trompettes;
Quand i'en serois tesmoin, ne feroient pas sur moy
Dauantage que fait ma foy.

Imitant vos Peres hardis,
Qui sont si fameux dans l'Histoire,
Vous encherirez sur la gloire
Des plus grands hommes de jadis,
Ie le croy comme ie le dis;
Faites moy l'honneur de me croire,
Ie ne donneray pas, au mieux fait de la Cour
Mon corps mal basty sans retour.

A MONSIEVR
DESLANDES
PAYEN.

EPISTRE.

AME éleuée au dessus du vulgaire,
Homme qui sçais & bien dire & bien faire,
Qui si souuent aussi ferme qu'vn roc,
De la Fortune as soustenu le choc,
Faisant bien voir qu'vne ame grande & forte,
Auec le temps sur Fortune l'emporte,
Homme qu'on peut auec iuste raison,
Et sans faueur, mettre en comparaison

Auec tous ceux que l'Histoire renomme
Parmy les Grecs, & chez l'antique Rome :
Car la nouuelle, & soit dite en passant,
Sauf ce qu'on doit au saint Pere Innocent,
N'a maintenant par dessus nostre France
Que quelques fleurs dont on fait de l'essence.
Tous ces Romains jadis si solemnels
Ne sont plus rien que des Polichinels,
Des Triuelins, Scaramouches Briguelles,
Donneurs d'auis, inuenteurs de gabelles,
Qui se feroient pour moins d'vn quart-d'escu
Donner bien pis que du pied dans le cu :
Mais laissons là la nation Romaine,
Ce n'est pas là le sujet qui me meine,
Omnis homo, Capitaine, Prelat,
Bon Senateur, bon Conseiller d'Estat,
Homme sans fard, & sans ceremonie ;
Homme en vn mot de valeur infinie :
Et pour tout dire, & pour n'oublier rien,
Homme sans pair, Grand DESLANDES-PAYEN
Si tu sçauois à quel poinct ie t'estime,
Quelque mespris que l'on ait pour la rime,
Et qu'aujourd'huy l'homme faisant des vers
Soit à la Cour regardé de trauers ;

I'oserois

J'oſerois bien neantmoins me promettre
Que tu ferois quelque cas de la Lettre
Que ie t'eſcris d'vn eſprit ingenu,
Quoy qu'à grand-peine à toy ſois-je connu;
Et qu'en vertu de mon pere l'Apoſtre
J'oſe porter la qualité de voſtre;
Ce que ie tien en bonne verité
Le plus grand bien qui de luy m'eſt reſté:
Et par lequel ie me crois eſtre riche,
Quoy que fortune ait toûjours eſté chiche
De ſes biensfaits enuers moy, qui n'ay pas
Pour ſes beaux yeux fait quantité de pas.
Mais de cecy, cher Payen, que t'importe?
Ie ſuis vn fat, & la rime m'emporte
Hors du ſujet que i'auois entrepris.
Te faire voir mon amour & ſon prix;
C'eſt te conter vne belle nouuelle;
Muſe, ma foy tu me la bailles belle!
De me dicter des proteſtations,
De m'engager en des digreſſions
Dont le Seigneur à qui ces vers i'enuoye,
Auroit bien plus de degouſt que de joye.
En bonne foy, Muſe au nez racourci,
Ie ne veux pas que l'on me traitte ainſi.

C

C'eſt me berner, ma petite camarde,
Ie te ſouhaitte ou muette, ou gaillarde.
Le beau plaiſir ſi DESLANDES-PAYEN
Diſoit, ces vers ſont de beaux vers de chien,
Donne moy donc de grace aſſez de verue
Pour n'employer icy rien qui ne ſerue.
Faire autrement ce n'eſt que rimaſſer,
Le bon Seigneur ſe peut fort bien paſſer
Des baillemens que fait faire vne lettre,
Qui n'a rien moins que ce qu'on y doit mettre.
I'en ſuis honteux, cher DESLANDES-PAYEN,
Ie me confeſſe vn grand diſeur de rien.
Mais laiſſe là ma Muſe, laide ou belle,
Iette les yeux ſeulement ſur mon Zele;
Souuent le vers degouſte, & l'Autheur plaiſt;
Laiſſe donc la ma lettre comme elle eſt;
Puis qu'auſſi bien ce n'eſt pas par la rime
Qu'aupres de toy ie pretens de l'eſtime.
Sans employer verſification;
Mais ſeulement ma bonne intention,
Tu connoiſtras dans peu, comme i'eſpere,
Que le fils fait ce que faiſoit le pere.
Tant qu'il vécut, il t'honora bien fort,
Cette amitié reuit apres ſa mort,

En moy son fils elle est continüée;
Par ton merite elle est si bien noüée
Que le lien au moins de mon costé,
Ne s'en verra iamais degarrotté.
O qu'il est vray lors qu'on tasche à bien faire,
Que l'on ne fait que de l'eau toute claire!
I'ay beau gratter ma teste & regratter,
Mon sot esprit ne sçauroit enfanter,
Et sans mentir ie m'imagine presque
Qu'il a perdu la source de Burlesque;
Tant aujourd'huy ie le sens sec & plat.
Que puis-je donc te dire, ô cher Prelat!
T'assassiner de mauuaises nouuelles,
Auoir recours à ces mauuais libelles,
Dont les Autheurs meslent toûjours vn brin
De maltalent contre le Mazarin:
Ton sage esprit n'aime pas la fadaize,
Et ce n'est pas pour toy viande qui plaize.
Te raconter que Paris a son Roy,
Tu le sçauras par d'autres que par moy;
Qui sçauront mieux le nombre des lanternes,
Le grand concours qui fut dans les cauernes,
Les Batteliers en toile de cotton,
L'ordre donné contre le mousqueton

De peur qu'on eut, que du plomb par mesgarde
N'allaſt choiſir, ſans dire prenez garde
Entre Gaſton & le fameux Condé.
L'Vltramontain que l'on a tant frondé;
Qui, ce dit-on, eut vn accez de fiévre
D'vn piſtollet qu'on tira ſur vn liévre,
Qui fit crier alors qu'il s'en alla
A l'Eminent, qu'eſt-ce que i'entend-là?
Que l'on commence à redire Eminence,
Que le badaut de nouueau refinance,
Que par frondeur autant que par frondé
Viue le Roy, fut long-temps clabaudé.
Que l'habit blanc de la gent Baſteliere
Fut inuenté par le Sieur la Railliere.
Qu'on but du vin autant que l'on tira.
Enfin qu'on croit que tout reflorira;
Et que Gaſcogne auſſi bien que Prouence,
Ne feront plus de trouble à la regence.
Mais ie commence à me rendre ennuyeux.
D'autres objets diuertiront tes yeux
Plus puiſſamment que la miſſiue fade
D'vn dont l'eſprit comme le corps malade,
Et mal-heureux en ſes productions.

Tu le ſçais bien, ie n'en veux plus rien dire,
Adieu Prelat, que i'aime & que i'admire,
Accorde moy quelque peu d'amitié,
Par vn effet ſeulement de pitié;
Car t'alleguer pour cela mon merite,
Helas chez moy la ſomme en eſt petite;
Mais eſtre vn ſot, n'eſt pas vn grand peché,
En bonne foy i'en ſuis le plus faſché,
Et i'en deurois tout ſeul porter la peine,
Sans t'ennuyer, de la riue de Seine
Aux bords de Loire, où tu prens l'air des chámps
De tant de vers & meſme ſi méchans;
Mais bons ou non, pourueu que ie te plaiſe
Ie ſeray trop content. De noſtre chaiſe,
Deux iours apres que noſtre Roy reuint
Lan mil ſix cent ſoixante-neuf, moins vint,
Logé bien haut chez mon amy Buſine
A quatre-vingt degrez de la cuiſine,
Tout vis à vis l'Hoſpital ſaint Geruais,
Où le Seigneur me maintienne en ſa paix.

C iij

A MONSIEVR

D'AVMALLE.

EPISTRE

BRAVE d'Aumalle que i'estime,
Et pour la prose, & pour la rime,
Et pour mainte autre qualité,
Pour éviter prolixité,
Que ie passeray soubs silence,
Parce qu'auec impatience
Les gens comme vous genereux,
S'entendent loüer deuant eux.
De vostre ingenieuse Epitre,
Chacun dit bien à bon titre:

Tous ceux à qui ie l'ay fait voir,
Tous gens d'esprit, & de sçauoir,
Ont mille fois beni la veine
Qui produit ces beaux vers sans peine;
Et chacun d'eux s'estonna fort
Voyant qu'elle venoit du Nort;
S'il se rencontroit grosse bande
De gens comme vous en Hollande,
La Hollande disputeroit
De l'esprit, & l'emporteroit
Sur nos plus fins academistes;
Et de pareils antagonistes
Sortiroient assez de bons vers,
Dequoy fournir tout l'Vniuers.
En bonne foy, Braue D'AVMALLE,
Les vostres ne sont pas de balle;
Mais de ceux qui peuuent courir
Par tout l'Vniuers sans mourir
Vn moment apres leur naissance,
Comme ceux que l'on fait en France
Par leurs producteurs affamez;
Tres-mal vers Burlesques nommez;
Crier, A mes beaux mots de gueulle,
C'est me semble la façon seulle

Dont publier on les deuroit,
Cela s'entend qui le pourroit :
Mais par mal-heur ils font de mife,
Toûjours quelque ignorant les prife,
Quelque pedant ou quelque fat
Y rencontre du delicat;
Et dit, voyez quelle impofture,
Ces vers font de deffunct Voiture
De Mefnage, ou de Sarrazin
Ou bien de quelque autre affez fin
En cette maniere d'efcrire
Pour meriter que l'on l'admire.
S'entend fi l'on en peut trouuer,
Qui iufque la puiffe arriuer.
Eux feuls fçauent railler de fource,
Et viure au defpens de leur bource,
Sans aller picorer ailleurs,
Dequoy s'eriger en railleurs.
Les autres rimeurs fubalternes
Ne font voir que des balliuernes,
Riment mal, & raifonnent pis,
Ie mettrois la main fur le pis,
Que pour eux toute rime eft bonne
Pourueu feulement qu'elle fonne;

Quoy

Quoy que toute rime de son
Vale moins que du pain de son.
Mais pour la rime encore passe,
Quand le bon sens joint à la grace
De la naïfue expression
Est soûtenu d'inuention :
Alors vne rime forcée
Entre deux meilleures placée
Dans la foule peut se sauuer ;
Sans que l'on y puisse trouuer,
A moins que d'estre fort inique
A faire joüer la critique.
Mais les rimailleurs de Bibus
Nommez Poëtes par abus,
Les plus mauuais plaisans du monde,
Meritent que chacun les fronde ;
Et d'estre interdits du mestier,
Voire d'ancre, plume & papier.
Ils ont pour discours ordinaires,
Des termes bas & populaires,
Des prouerbes mal appliquez,
Des quoliquets mal expliquez,
Des mots tournez en ridicule
Que leur sot esprit accumule

D

Sans iugement & sans raison,
Des mots de gueulle hors de saison;
Allusions impertinentes,
Vray style d'amour des seruantes,
Et le patois des païsans,
Refuge des mauuais plaisans;
Equiuoques à choses salles :
En vn mot le jargon des halles,
Des crocheteurs & porteurs d'eau,
Nommé langage du Ponceau.
Il n'est chose dont moins l'on rie
Que de cette plaisanterie
Chez le beau monde de la Cour,
Où la politesse en son iour
Tres-difficilement tollere
Le iargon de la harangere.
Ils font des vers en vieux Gaulois,
N'en pouuant faire en bon François,
Et disent que c'en est la mode;
Quand l'article les incommode,
Ils le coupent sans hesiter.
L'autre iour on me vint conter
Qu'vn de ces beaux rimeurs de neige,
Qui sentoit encor le college

Enquis si des vers il faisoit,
Parce qu'alors il en lisoit,
Fist vne réponse grotesque:
Ie n'écrits, dit-il, qu'en Burlesque,
Mais pour des vers, ie n'en fais point.
Nous sommes d'accort en ce poinct,
Ils en font, comme ie chemine,
Ou leurs vers ne font que vermine:
Et moy-mesme tout le premier
Ie barboüille bien du papier,
Dequoy franchement ie m'accuse,
Et suis d'auis que sans excuse,
Pourueu que l'on en face autant
De tout homme papier gastant
Dans la riuiere l'on me iette
Comme vn heretique Poëte;
Ainsi l'on purgera l'Estat
De maint ouurage sot & plat.
Mais i'écris, me semble, en colere.
Prenons vn style moins seuere,
Et parlons vn peu de Paris,
D'où ces Carmes ie vous écris,
Cadet d'Haucourt, Braue D'AVMALLE,
Toûjours Paris son luxe estalle,

Quoy que l'argent y ſoit bien court,
La faueur ſi fuit & ſi court ;
C'eſt le plus grand plaiſir du monde,
L'vn y courtiſe, l'autre y fronde,
L'vn n'a pas ſeulement vn brin
D'eſtime pour le Mazarin.
L'autre tout vn iour à ſa porte,
Attend que ledit Seigneur ſorte.
L'vn va joüer chez la Blondeau,
Et l'autre eſtendu comme vn veau
Tout de ſon long dans ſa broüette,
S'en va dire à quelque coquette
En l'abſcence de ſon cocu :
Belle, vos beaux yeux m'ont vaincu.
L'vn va voir des filles de ioye,
L'autre fait la fauſſe monnoye.
L'vn va la nuict prendre vn manteau,
L'autre le perd, & ſon chapeau,
L'vn emprunte, & l'autre refuſe,
L'vn trauaille, & l'autre s'amuſe ;
L'vn nourrit de plus fins que luy,
L'autre vit au dépens d'autruy,
L'vn dépenſe, & l'autre mandie :
L'vn recite la Comedie,

L'autre exhorte les mal-viuans,
Et n'a pas beaucoup de suiuans :
L'vn diuertit, l'autre incommode;
Enfin chacun vit à sa mode,
Et par differentes façons,
Comme la mer fait ses poissons,
Paris en sa large ceinture,
Fait viure mainte creature,
Les vns bien & les autres mal,
Pour moy cacochyme animal,
Ie suis comme vn homme qu'on roüe;
Quoy que souuent mon esprit joüe:
Mais mon corps qui fait bande à part
En son jeu ne prend nulle part.
Ma charge est peu s'en faut cassée,
Dont ma Muse est fort offencée,
Et toute preste à se fâcher
Si l'on ne tâche à l'empescher.
Ie luy feray voir la Hollande,
Où sans que rien elle apprehende,
Elle pourra bien mettre au iour
Des vers qui ne sont pas d'amour.
La belle impression d'Elzeuire
Fera que ma façon d'écrire

Reprendra nouuelle vigueur,
Et lors, mal-heur, mal-heur, mal-heur,
Sur qui le chagrin du malade,
Tireray son arquebuzade,
Mais estant vostre seruiteur,
C'est trop, de ma mauuaise humeur,
Vous accabler sans conscience,
C'est brauer vostre patience,
Et bien loin de vous apaster,
C'est le moyen de vous fuster :
Vne autrefois nostre camarade
Sera d'humeur plus goguenarde,
I'ay l'esprit aujourd'huy bousché,
Et comme l'estat débauché ;
Excusez donc l'humeur peccante.
FAIT par moy l'an six cens cinquante
Le quatriesme de Ianvier,
Tout seul assis en mon foyer,
Entre vn Espagneul & ma chatte,
Qui vient de luy donner la patte.

A MONSIEVR
LEGARDE-DES-SEAVX
DE
CHASTEAV-NEVF.
SONNET.

GRAND Chasteau-neuf, enfin vous revoila,
Voſtre merite en doit eſtre la cauſe,
Le bruit qui court de vous parci-parlà,
Fait croire aſſez qu'il en eſt quelque choſe.

Chacun tout net vous donne du Caton,
Chacun de vous eſpere des merueilles,
Le bruit qui court de vous eſt bel & bon,
Et ce bruit là réjoüit mes aureilles.

Ie pers pourtant en l'autre Chancelier,
Car il m'aimoit le bon Pierre Seguier,
Et faisoit cas de nostre Poësie.

Quand ie faisois des vers, il les lisoit,
Si vous voulez m'aimer comme il faisoit,
Cela depend de vostre courtine.

COVRANTE.

COVRANTE.

MA foy i'en ay dans l'aifle,
Ie fuis perdu,
Ie fuis tout confondu,
I'ay regardé Cloris,
Et la chienne m'a pris ;
Son œil toûjours vainqueur
M'en a donné droit dans le cœur,
Ce coup me fait grand mal,
Et feroit fuffifant d'affommer vn cheual.

Elle m'a fait la moüe,
Et m'a traitté
Sans l'auoir merité,
Plus mal que fi i'eftois
Quelque franc Polonnois.

E

Tout beau, tout beau, tout beau,
Quartier, quartier, si du tombeau,
Soyez vn peu plus doux,
O beaux yeux assassins, ou bien nargue pour vous.

CHANSON.

BOIS, rochers, fontaines, vallons,
Fiers torrents qui venez par bons ;
   Vous perdre dans la plaine ;
Lieux écartez, que ma mourante voix
A si souuent fait tesmoins de ma peine,
Ie vous la viens conter pour la derniere fois.

   Vous sçauez si ie suis constant,
Et si iamais on n'aima tant
   Que i'aimay Lysimene ;
Elle s'en va, i'en suis desesperé,
Elle s'en va sans regret l'inhumaine ;
I'ay pleuré deuant elle, elle n'a point pleuré.

CHANSON
SVR LE CHANT
DE L'ITALIENNE.

Che laſſi? Che face?

Deux yeux noirs, deux fripons,
Deux petits Abiſſins,
Deux larrons aſſaſſins } bis.
Font de moy des charbons.
Helas! helas
Ie ſuis bien las
D'eſtre l'adorateur
De qui m'aſſaſſine;
Ils m'ont gaſté le cœur) bis.
Auec la poitrine;
Ils m'ont gaſté le cœur) bis.
Auec la poitrine.

Vn fameux Escriuain
Qui durant le blocus
A gagné force escus,
Et n'en est pas plus vain,) bis.
M'a mis au net
Vn beau Sonnet,
Dont les vns toucheront
La dure Maistresse ;
Ils la baptiseront) bis.
Du nom de Tigresse ;
Ils la baptiseront
Du nom de Tigresse.

On ne peut les flechir
Contre eux les Triolets
Doux propos & poulets
Ne font rien que blanchir) bis.
Ange plaisant,
Mais mal-faisant :
Belle au cœur carnassier
Regardez mes peines :

Hé quoy point de quartier,
Vos fiévres quartaines ;
Hé quoy point de quartier,)　　bis.
Vos fiévres quartaines.

A
MADAME LA PRESIDENTE
POMMEREVIL
INPROMPTV.

INCOMPARABLE Preſidente,
Qui valleʒ bien vn Preſident,
Voſtre œil planette aſſaſſinante,
Brûle comme vn miroir ardent,
De ſa prunelle eſtincellente
Ie reſſentis bien le pouuoir:
Le iour que vous me vinſtes voir
I'en fus brûlé comme vne meſche,
Et ſi vous euſſiez ajoûté
A la brûlure vn coup de fléche,
Ha par ma foy i'eſtois gaſté.

CHANSON
A BOIRE.

QVE i'aime le cabaret,
Tout y rit, personne n'y querelle;
La banselle
M'y tient lieu d'vn tabouret;
Laissons les interests,
Des culs des tabourets,
La Noblesse
Pour la fesse
Fait prouësse;
En bien beuuant
Taschons d'en faire autant.

Tout

Tout respect & tout honneur
A Messieurs les porteurs de rapieres,
Leurs derrieres
Font pourtant trop de rumeur ;
Quoy pour le cu caduc
De la femme d'vn Duc,
Tout le monde
S'entre-gronde ;
S'entre fronde ,
Et pour le cu
Tout s'en va T. V. tu

Vray-Dieu que le vin est bon !
Qu'il est frais dans mon verre ! il petille,
Qu'on me grille
Vistement de ce jambon :
O que ie vay disner !
Que ie m'en vay donner ?
Ca courage,
Faisons rage ,
Ce potage
Bien mitonné ,
Est d'vn goust raffiné.

CHANSON.

IE suis guery, graces aux Dieux,
Ie ne verseray plus de larmes,
Et ie n'ay plus les mesmes yeux,
Ou ceux qui m'ōt blessé, n'ōt plus les mêmes charmes.

I'auois de l'amour pour Cloris,
Elle a de l'esprit, elle est belle,
Mais elle a pour moy du mespris;
Et moy pour me vanger, i'en veux auoir pour elle.

A

MONSEIGNEVR LE PRESIDENT

DE BELLIEVRE.

REQVESTE.

O Grand Preſident de Belliévre!
Vn procez pire que la fiévre
Me tourmente depuis ſix ans ;
Deux beaux-freres s'impatizans
A plaider auec injuſtice,
Ont choiſi par grand artifice
Quatre Procureurs & non plus,
Grands faiſeurs d'écrits ſuperflus,
Et qui pour broüiller vn affaire
Sçauent mille chicanes faire ;

F ij

Et pour allonger vn procez,
Dont ils redoutent le fuccez,
Le retirent l'vn apres l'autre:
Ils en ont fait ainfi du noftre.
Tantoft le va prendre vn Targas
Qui de fix mois ne le rend pas.
Tantoft vn Iolly le demande,
L'an paffe, deuant qu'il le rende.
Apres eux le prend vn Bruflé
Que mes beaux freres ont collé
Comme vn apoftille à l'affaire;
Car c'eft vne chofe bien claire
Que Iean Pafquier interuenant
N'eft qu'vn fantofme chicanant.
Et puis vient pour l'arriere-garde
Maiftre Iurandon qui le garde
Luy feul plus que les autres trois,
Et non pas pour vn ou deux mois;
Mais helas! pour plus d'vne année:
Si bien que par cette menée;
Par cette fraude & méchant art
Mes deux beaux-freres gras à lard,
Ou du moins qui le deuroient eftre;
Car ils ont bien dequoy repaiftre,

Puis qu'ils tiennent outre leur bien,
Celuy de mes sœurs & le mien.
Ces deux Messieurs de qui ie parle,
Dont l'vn ce, me semble, a nom Charle,
Se ventent par tout hautement
A la barbe du Parlement,
D'eterniser si bien l'affaire.
Que quoy que nous y puissions faire,
Ils jouiront malgré les dents
Des Conseillers & Presidents.
Qu'en dittes-vous, Iuge équitable!
Souffrirez-vous qu'vn miserable,
Et mes sœurs qui le sont aussi,
Plaident toute leur vie ainsi?
Vostre nom fameux dans la France
Me remplit d'autant d'esperance,
Qu'ajouste d'immortel renom
Vostre merite à vostre nom.
Certes le grand nom de BELLIEVRE,
Est pour leur bien donner la fiévre,
Ils pensent désja voir l'Arrest;
Puis que nostre procez est prest,
Qui leur doit faire rendre gorge,
Quoy que leur esprit ruzé forge:

Vn president fait comme vous,
Et des sages Iuges, qui tous
Reconnoistront leur artifice,
Nous vont rendre bonne justice;
Dieu sçait comme ils seront marris
De mes deux sœurs, les deux maris
Que sœur Claude & sœur Magdelaine
Vont auoir pour moy de la hayne!
Que Nicolas, Frere Mineur,
Qui dans vn mois sera majeur,
A ce que dit son Baptistaire,
Quoy qu'il soit assez debonnaire,
Contre nous trois éclattera;
Peut-estre que le Iuge aura
Quelque peu de part au murmure,
Et peut-estre aussi quelque injure;
Mais ils seront bien imprudens,
C'est les sauuer malgré leurs dens.
Certes, outre ma bonne cause
On m'a laißé fort peu de chose;
Mes sœurs n'ont pas plus herité,
Sinon vn peu plus de santé.
Grand Belliévre, Iuge équitable!
Il n'est rien de plus veritable

Que ie compte six ans entiers,
Depuis que mes coheritiers,
Par leur chicane tres-inique,
A la justice font la nique.
Les drolles sont sur leurs paillers ;
Tandis qu'apres les Conseillers,
Mes sœurs amassent force crottes.
Elles ont beau trousser leurs cottes ;
On ne peut nullement trotter
Dans le Palais , sans se crotter.
CE CONSIDERE', qu'il vous plaise,
De leur procedure mauuaise,
Arrester promptement le cours.
Voyez le peril que ie cours ;
Mon Procureur seul contre quatre,
A trop d'ennemis à combatre,
Contre des Diables en procez
Ie craindrois vn mauuais succez ;
Mais ie connois vostre justice
Deuant vous iamais l'artifice
Aucun bon-droit n'a ruiné ;
Qu'il soit donc par vous ordonné ,
Qu'vn seul Procureur pour les autres,
Ayt droit d'auoir les pieces nostres ;

Qu'ayant son soul paperassé,
Et le terme permis passé,
Ledit Procureur le raporte,
Ou que le grand Diable l'emporte :
Et ce faisant vous ferez-bien.
Fait par moy chetif qui n'ay rien
Que l'esperance que me donne
L'équité de vostre personne ;
Laquelle doit monter vn iour
Au premier Siege de la Cour,
Ou bien où monta son grand-pere,
Ie le souhaite & ie l'espere.

A

MONSEIGNEVR L'EVESQVE

D'AVRANCHES

GRAND Daumont, Prelat sans reproche
Intrepide comme vne roche;
Esprit genereux & hardy!
Encore plus que ie ne dy;
Honneur de l'Eglise Françoise,
Comparable au grand sainct Ambroise,
Seul au monde assez genereux
Pour aymer Scaron malheureux,
Et inguerissable malade;
Sans feinte & sans fanfaronnade,
Te iure du bon de son cœur
Qu'il est ton humble seruiteur;

G

Il a peine à faire sa lettre,
Et ne sçait ce qu'il y peut mettre.
Que sur des memoires meilleurs,
Tu ne sçaches dés-ja d'ailleurs.
Paris est toûjours mesme chose :
On y raille, boit, joüe & cause,
On passe son temps mal ou bien,
On y fait quelque chose ou rien,
On y dit de fausses nouuelles,
On y fait de mauuais libelles,
Où l'on mesle toûjours vn brin
Du grand Ministre Mazarin.
Le cours se tient l'apresdinée,
Où la Dame Gauderonnée
En portiere vient s'étaller,
A qui la voudra cajoller.
Godelureaux pleins de farine,
Affectans de courber l'échine
Afin de faire le gros dos,
Pour la pluspart de francs badaus,
Couchez dans leurs riches carosses,
Dont ils sont bien souuent les rosses,
Y parlent du tiers & du quart.
L'vn s'y jette sur le brocart,

Sur la pointe & la facetie;
Y conte quelque repartie
Par luy composée en son lit;
Et qu'il a faite, à ce qu'il dit,
Dans la chambre ou dans la ruëlle
De Monsieur ou Madame Telle.
Enfin chacun s'y diuertit,
Cependant, moy pauure petit,
Cloüé sur vne chaire grise,
Sans plus songer au fils d'Anchise,
Songeant en mon corps contourné,
I'ay des desespoirs de Damné;
Mais ne suis-ie pas vne beste,
De vous venir rompre la teste
Du mal que ie sens iour & nuit?
Ie n'en ay que trop fait de bruit
De ma maudite maladie,
Et i'ay bien peur que l'on ne die,
Que tant de lamentation
N'est point sans quelque ambition.
Auec satisfaction grande
I'ay leu de ta muse Normande
Les gaillardes productions.
Toutes pleines d'inuentions,

La rime en eſt heureuſe & riche;
Et maiſtre Apollon n'eſt point chiche,
Oû ma foy ie n'y connois rien
Enuers homme qui fait ſi bien.
Pour moy ie romps auec la muſe:
Cette malheureuſe camuſe,
Pour les biens qu'elle m'a promis
Me fait de trop grands ennemis.
Satisfait de mon innocence
Ie m'en vay garder le ſilence
Et confondre les faux témoings:
Mais ie n'en penſeray pas moins.
Que noſtre Normand donc écriue,
Et que d'vne ſource ſi viue
Il empliſſe tout l'Vniuers,
Ie renonce au meſtier des Vers.
Auſſi bien dans la Cour de France
Tout eſt regy par l'ignorance,
Le bon-heur cherche le plus ſot.
Mais chut, chut, ie ne dis plus mot,
Ie ſuis ſi chagrin & ſi triſte
Du mal qui me ſuit à la piſte,
Qui me court ſans ceſſe au gallop,
Que i'ay peur d'en dire vn peu trop.

Deuant la fin de cét ouurage,
Ie te veux rendre tesmoignage
Que l'Illustre de Bouciquault
Est pour toy plein d'vn Zele chaud.
Adieu, cher Prelat sans reproché,
Intrepide comme vne roche,
Esprit genereux & hardy,
Encore plus que ie ne dy;
Honneur de l'Eglise Françoise,
Imitateur de sainct Ambroise,
Seul au monde assez genereux
Pour aymer Scaron malheureux;
Cét inguerissable malade
Sans feinte & sans fanfaronnade
Te jure du bon de son cœur,
Qu'il est ton humble seruiteur.

CHANSON

MA foy nous en auons dans l'aile,
Les frondeurs nous la baillent belle,
Malle-peste de l'vnion,
Le bled ne vient plus qu'en charette,
Confession, Communion,
Nous allons mourir de disette.

Qu'en dittes-vous, trouppe frondeuse,
Moitié chauue & moitié morveuse,
Où sont donc tous vos gens de main,
Auec six ou sept cens mille hommes,
A peine trouuons-nous du pain,
Pauures affamez que nous sommes.

Dés les premieres barricades ;
Sans recommencer les frondades,
Il falloit bien prendre son temps ,
Et non pas comme des Iocrisses,
En soudrilles & Capitans ,
Despenser toutes vos espices.

Tandis que le Prince nous blocque ,
Et prend Bicoque sur Bicoque,
Et nos riuieres haut & bas ;
Nous ne nous amusons qu'à faire ,
Au lieu de sieges & combats ,
Des Chansons sur laire-lan-laire.

Nos Chefs & nos braues cohortes ,
N'ont pas si-tost passé les portes
Qu'ils les repassent vistement ;
Nous mettons nos gens en bataille ,
Le Polonnois & l'Allemand
Cependant croquent la volaille.

❧

Vſons bien de la Conference,
Remettons la paix dans la France
Où tout eſt , vous m'entendez-bien;
Finiſſons la guerre Ciuille ,
Et que le pain quotidien
Reuienne à Paris la grand' Ville.

❧

Dans toute la France on s'eſtonne
Que voſtre intention ſi bonne
Vous ſuccede ſi pauurement :
On y trouue beaucoup à mordre ,
Six ſemaines de Reglement
Font pis qu'vn ſiege de deſordre,

TRIOLLET.

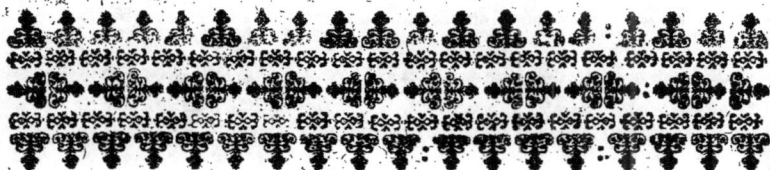

TRIOLLET.

IL faut deſormais filer doux,
Il faut crier miſericorde ;
Frondeurs vous n'eſtes que des foux !
Il faut deſormais filer doux,
C'eſt mauuais preſage pour vous,
Qu'vne fronde n'eſt qu'vne corde,
Il faut deſormais filler doux ;
Il faut crier miſericorde.

H

COVRANTE.

PHILLIS de vos regards i'ay le cœur tout percé,
Et voſtre mine
Toute diuine,
Dans ma raiſon a tout boulleuerſé;
Mais vous demandez tout,
Et moy ie plaind iuſqu'au moindre bijou:
Nous aymons prou
Tous deux la piſtolle:
Vous n'eſtes pas folle,
Et ie ne ſuis pas fou.

Ie ſçay chanter des Airs que m'a montré Lambert,
Et ie m'eſcrime

CHANSON.

En Prose & rime,
Presque aussi-bien que l'Abbé Boisrobert ;
Mais vous demandez tout,
Et moy ie plaind iusqu'au moindre bijou,
Nous aymons prou
Tous deux la pistolle,
Vous n'estes pas folle,
Et ie ne suis pas fou.

EPISTRE.

SEigneur, qui mes Liures gardez,
Faites Iuſtice, & les vendez,
Ces pauures malotrus de liures
Qui m'ont couſté cinquante liures;
Celuy qui vous les a donnez,
Croit à tort, que pour ſon beau nez,
Ou pour ſes beaux yeux ſans prunelle,
Auſſi doux que de l'hidromelle,
I'aye fait venir à grands frais
Ces liures Eſpagnols-exprés;
Afin que le Galand ſe place
Auant en voſtre bonne grace;
Dont vous eſtes, dit-on, pourueu
Autant qu'autre homme qu'on ait veu.
Que ce bel œil mourant vous plaiſe,
Quant eſt de moy i'en ſuis fort aiſe;

Mais qu'il vous plaise à mes despens,
Ce n'est pas comme ie l'entends.
Rendez-moy donc enfin mes Liures
Qui m'ont cousté cinquante liures,
Ou bien ie me trouue en humeur
De faire vne grande rumeur.
Le drosle vous pourra bien faire
Quelque autre present pour vous plaire,
Mais pour vous parler tout de bon,
Que ce drosle vous plaise ou non,
Mon braue Seigneur, que m'importe ?
Ma foy que le diable l'emporte,
Ou bien qu'il ne l'emporte pas,
Ie n'en feray iamais vn pas.

SONNET.

UN Mont tout herißé de Rochers & de Pins,
Colloße que la terre oppoſe au choc des nuës,
D'où les bœufs dans les champs ſont pris pour des
    lapins,
Et les arbres plus grands pour des herbes menües.

Vomit à gros boüillons de ſes froids inteſtins,
Vn torrent qui großi d'eaux, du Ciel deſcenduës,
Et faiſans plus de bruit que cent mille Lutins,
Entraiſne dans les champs mille roches cornuës.

La foudre quelquesfois le couure tout de feu,
Mais la foudre ne faict que le noircir vn peu,
Et faire vn peu fumer ſa cime inébranlable.

Sur ce ſuperbe mont, iuſqu'aux Cieux éleué,
Pour vous dire la choſe en homme veritable,
Il ne m'eſt, ſur mon Dieu, iamais rien arriué.

SONNET.

SVperbes monumens de l'orgueil des humains,
Piramides, Tombeaux, dont la vaine structure
A témoigné que l'art, par l'adreſſe des mains,
Et l'aſſidu trauail peut vaincre la nature!

Vieux Palais ruinez, chef-d'œuures des Romains,
Et les derniers efforts de leur architecture,
Colliſée, où ſouuent ces peuples inhumains
De s'entr'aſſaſſiner ſe donnoient tablature.

Par l'injure des ans vous eſtes abolis,
Ou du moins la plus part vous eſtes démolis!
Il n'eſt point de ciment que le temps ne diſſoude.

Si vos marbres ſi durs ont ſenty ſon pouuoir;
Dois-ie trouuer mauuais qu'vn meſchant pourpoint
        noir
Qui m'a duré deux ans, ſoit percé par le coude.

SONNET.

A L'ombre d'vn rocher, sur le bord d'vn ruisseau,
Dont les flots argentez enrichissent la plaine,
Le beau Berger Daphnis amoureux de Climene,
Faisoit de ses deux yeux distiller vn seau d'eau.

Et le ieune Alcidon, vn autre Iouuenceau,
Atteint du mesme mal pour la mesme inhumaine;
Pressé du souuenir de sa cruelle peine,
Faisoit comme Daphnis & pleuroit côme vn veau.

Vn Pasteur qui les vit, faisant les Ieremies,
Leur dist, chantez plustost dessus vos chalemies;
Ie donne au mieux chantant dequoy faire vn pour-
point.

Les deux ieunes Bergers leurs flustes accorderent,
Là dessus vn loup vint, les Bergers se leuerent.
Poursuiuirent le loup & ne chanterent point.

EPISTRE.

AVX Peres Dom Iean & Dom Cosme,
Vn dont le dos deuient vn Dosme,
Depuis dix ans toûjours assis,
Escrit ces Vers de sens rassis.
En bonne foy la Poësie
N'eschauffe point sa fantaisie,
Et sa fantaisie est vn lieu,
D'où sortent, comme il plaist à Dieu
Les Vers sans frapper à la porte,
Bien souuent la rime l'emporte :
Et contre son intention
Luy fait faire digression ;
Vne fois il parla de froncle
Pour rimer à Monsieur son Oncle.
Et quand il veut rimer à fils,
Il va bien loing chercher Memphis.
Or cét homme ainsi fait vous mande
Que bien fort il se recommande

A vos doctes Paternitez,
Qui pour luy pleines de bontez,
Le font, tant en poires, qu'en pommes,
Vn des plus opulens des hommes.
Le coffre bien élabouré,
Plus beau que s'il estoit doré,
Que le Pere Cosme luy donne,
Embarasse fort sa personne ;
Car comment reconnoistra-t'il
Vn don si riche & si gentil?
Comment faudra-t'il qu'il le rende?
Le Pere ne prend, ny demande,
Et luy qui tres-volontiers prend,
Mal-volontiers, peut-estre rend.
Se donner soy-mesme en estrennes ;
Ils diront, ses fiévres quartaines ;
Si ce mot là peut estre dit
Par gens qui portent tel habit.
Promettre sa bonne priere,
C'est jetter l'eau dans la riuiere.
C'est eux qui le font pour autruy ;
Outre qu'vn mot venant de luy,
Les feroit dans la Cour Celeste
Regarder comme ayans la peste.

Tout homme comme luy traité
Au Ciel n'est pas bien écouté.
Tout-beau, le petit fou murmure,
Qu'il rende grace & qu'il endure.
Il ne l'a que trop bien gagné,
D'auoir le corps tout mesaigné.
Que faudra-t'il donc qu'elle fasse
Cette malheureuse carcasse?
Finir ces Vers désja trop longs,
Puis qu'ils ne sont pas gueres bons :
Leur faire grace de sa rime,
C'est montrer comme il les estime;
Et c'est en bonne verité
Comme il voudroit estre traitté;
Non pas d'eux, qui sans-doute écriuent
De la mesme façon qu'ils viuent;
C'est à dire en perfection,
Mais de certaine Nation
De gens qui riment, riment, riment,
Affoiblissans les Vers qu'ils liment :
Dieu nous garde icy comme ailleurs
De ces importuns rimailleurs.

* * * *

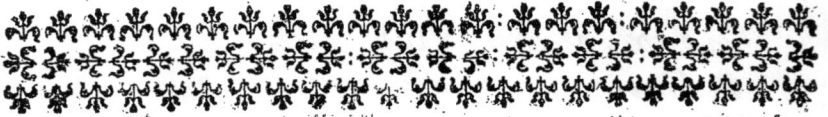

EPISTRE

PERE Clausel, de Lespagneul,
   Que i'estime autant qu'vn filleul!!
Mille fois les mains ie vous baize;
Certes, vous m'auez fait bien aise,
Et vers vostre paternité
Ie me trouue fort endetté;
Mais ie fais vn propos bien ferme,
Si vous me donnez quelque terme;
Car ie ne puis pour le present,
De m'acquitter d'vn tel present:
Croyez-moy, vostre courtoisie
Ne se verra iamas moisie
Dans mon esprit, quoy que moisy,
Et fou, peut-estre, en cramoisy.
Car vous sçauez bien qu'vn Poëte
A souuent la teste mal faite.
Que cecy soit dit sans fascher,
Vn Pere blanc qui m'est bien cher;

Qui fait, quand Phebus le déuoye,
Des Vers plus beaux que vers à ſoye,
Qui ne ſentent pas le jargon
De la milice d'Arragon;
Mais ſage ou non, fort peu m'importe
Puis que vous m'aimez de la ſorte,
Que le Dieu du Ciel m'a baſty
Les pattes en chappon roſty,
La jambe toute deſſeichée
Et la teſte toute penchée.
Pour moy quand vous ſeriez vn fou,
A me caſſer vn iour le cou;
Quand bien vous auriez la follie
De ceux là qu'il faut que l'on lie,
Encore me ſeriez-vous cher,
Adieu ie m'en vay me coucher.

AV COMTE
DE SELLE
MADRIGAL.

BEAV, Grand & bon Comte de Selle
De voftre muſcat aualé
Vne vapeur, non pas mortelle,
Bien qu'elle m'ait éceruelé
M'a monté iuſqu'à la ceruelle:
Le muſcat eſtoit bel & bon,
Les paſtilles bonnes & belles,
Et non pas certes telles quelles;
Et ie vous demande pardon
Si par le deffaut de puiſſance,
Ma petite reconnoiſſance
N'égale pas vn ſi beàu don.

Adieu vous dis, mon noble Comte,
De qui certes ie fais grand compte;
Et de qui le Pere m'est cher.
Tous mes vallets se vont fascher;
Et plus d'vn au diable me donne,
D'estre si tard à me coucher;
I'entends désja minuit qui sonne,
Et non seulement au clocher
De sainct Geruais, mais à bien d'autres;
Ie vay dire mes patenostres,
Et puis dans mon lict me jucher.

CARTEL DE DEFFY.

EN qualité de Iobbelin,
Et de seruiteur tres-fidele,
De feu Iob dont ie suis tres-indigne modele,
Ie soustien que l'esprit malin
En matiere de Iob, qui ne fit rien qui vaille,
(A bien considerer que c'est vn saint qu'on raille)
N'est pas tant à blâmer, la diablerie à part,
Que quiconque sur Iob exerce son brocard,
IE SOVSTIEN qu'on deuroit laisser en patience
Ce Iob, qui de souffrir nous apprit la science,
Et bien considerer que Iob
Estoit proche parent d'Isaac & de Iacob.
PASSE, sur vn Voiture & sur vn Benzerade
D'exercer la Turlupinade;
Mais de mettre auec eux Iob en capilotade,
C'est enuers Iob trop manquer de respec,
Et grandement faillir aux sonneurs de rebec,
Tant en leur plume, qu'en leur bec:

C'est

C'est prendre mal vne chose bien ditte
Par cette Princesse d'élite,
En qui le sang égalle le merite,
N'allez donc plus mesler ce grand Prince Hussite
Dans le conflit de vos Sonnets,
Messieurs les sansonnets !
Si de cecy quelqu'vn s'offence
En proze, en vers, ou bien de viue voix
Ie luy donne le choix,
Et m'offre à le combattre à toute outrance,
Sur le sujet de Iob mon bon Patron.
Ie m'appelle Scarron.
Ie loge en la seconde chambre,
Tout vis à vis l'Hospital saint Geruais.
Quoy que perclus de plus d'vn membre,
Si quelqu'vn en fait le mauuais,
Qu'il se montre, ou se nomme,
Il a trouué son homme.

K

RECIT
DE BALLET:
LA BELLE DANCE.

PAix-là, paix-là, noble affiſtance!
On n'entendroit pas Dieu tonner ;
I'aÿ beau chanter, i'aÿ beau ſonner,
Ne veut-on point faire ſilence ?
Sçauez-vous qui ie ſuis? ah ie gage que non,
Ie m'en va vous dire mon nom.

Ie ſuis la pauure Belle dance
Entre vous, Meſſieurs les François,
En quelque credit autresfois ;
Mais maintenant en decadance :
Depuis qu'on introduit ces dances de ſabat,
Où le cul du pied l'on ſe bat.

Les Tricotez, & la Caſſandre,
Le tremouſſement & le ſaut,
Ce ſont les beaux pas qu'il vous faut.
Vn laquais vous les peut apprendre:
Allez donc pendre au croc poches & violons
Boiſvinets, Bocans & Ballons.

A
VNE GRANDE DAME.

Dame Illustre par sa naissance,
Par sa bonté, par sa prudence,
Par son esprit, par sa beauté,
Sa douceur & sa pieté;
Enfin dont ie sçay le merite,
Sans en auoir receu visite.
Vn rimeur qui n'est pas crotté,
N'ayant depuis neuf ans trotté
Qu'auec les pieds d'vn porte-chaise,
A pensé perdre l'esprit d'aise;
Quand on est venu l'informer
Que vous daigniez bien le nommer.
Son entreprise est bien hautaine;
Il vous demande pour Estrenne,

D'ozer vous mettre dans ses vers.
Il n'est Autheur dans l'Vniuers,
Qui ne s'effraye en son courage
Dans le dessein d'vn tel ouurage;
Mais le crime de trop oser,
Se pourra peut-estre excuser
Par vne exellente personne,
Qui comme Dieu, qui tout pardonne,
Ne iuge de chaque action,
Que par la seule intention.

SONNET.

APres que d'vn stille bouffon,
Pur & net de pedanteries,
I'eus basti mon pauure Tiphon
De cent mille coyonneries:

Auide d'or comme vn griphon,
D'or, d'argent, ou de pierreries,
Ie le couuris, non d'vn chiffon;
Mais de chiffres & d'armoiries.

Mon Liure estant ainsi paré,
Et richement elabouré,
I'en regalay le mauuais riche:

Mais, ô mal-heureux Scarronnet!
Il n'en fut iamais vn si chiché,
Déchire ton chien de Sonnet.

A D V I S
DE DIX MILLIONS ET PLVS.

P Laize au Seigneur ✳✳✳✳ Cardinal,
En ma faueur de creer vn Office,
Pour rechercher ceux qui disent du mal
DE SES CONSEILS, par rancune ou malice:
Et d'ordonner que Recors & Sergens
Exigeront vn denier de chaque homme,
Qui le décrie au grand mespris de Rome:
Ie luy promets cents fois cent mille francs,
Et si i'auray pour moy plus grosse somme.

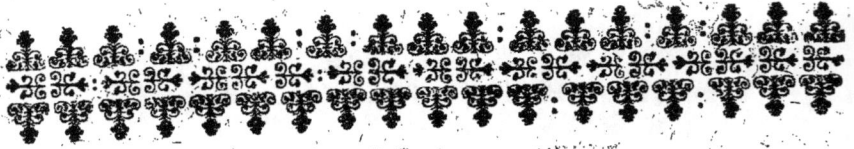

EPITAPHE.

ICy gist qui mourut Ieudy,
Et qui n'estoit pas beaucoup sage;
S'il eût vécu iusqu'à Mardy,
Il auroit vécu dauantage.

EPITAPHE.

EPITAPHE.

CY gist vn Escuyer-trenchant,
A qui tout fut de bonne prise,
Et qui couroit la marchandise,
Autant qu'il fuyoit le marchand.

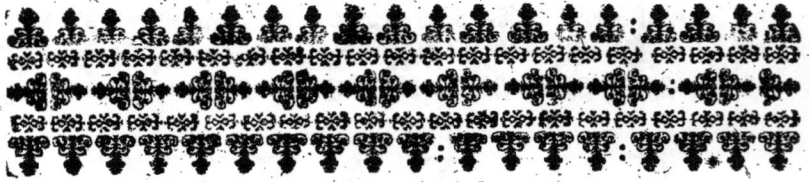

A
VNE GRANDE PETITE
DAME.

D Ame d'esprit aigre-doux,
En Oraison si parfaite;
Dame faite comme vous,
Doit auoir peur d'vn Poëte.

BILLET.

VOus estes conuié Ieudy
  Dedans ma chambre apres midy,
De venir celebrer l'orgie
D'ARTIGE le Pere Conscript,
Dont les chansons ont tant d'esprit,
Qu'on les croid faites par magie,
Et le bon DESLANDES-PAYEN,
Qui juge & qui dégaine bien,
Honnoreront la Tabagie.
Dame Picard y brillera,
Et le grand Flotte y chantera
Des Chansons auec energie;
Moy-mesme aussi i'y chanteray,
Et les autres réjoüiray,
Nonobstant ma triste effigie.
Enfin dans ma chambre on rira,
Boira, mangera, causera,
Mon Dieu que n'est-elle elargie?

EPISTRE.

BRAVE Seigneur, autresfois mon support!
Et maintenant qui ne t'enquestes fort
Si i'ay besoin, ou non, de l'assistance,
Dont autresfois sans que i'en fisse instance,
Sans qu'il me fut besoin de te precher,
A poinct-nommé tu me faisois toucher
Cinq cents écus, dont la Reine Regente
Adoucissoit ma fortune outrageante.
Que dira-t'on, alors que l'on sçaura ?
Car le cacher long-temps on ne pourra,
Que par froideur, ou bien par lassitude
Tu m'as traitté de façon assez rude,
En me faisant, mais tres-injustement,
Quoy que François, querele d'Allemand.
Tu pouuois bien sans me faire querele
Au ✶✶✶✶ faire valoir ton Zele;
Et tu pouuois sans lasser ton credit,
Ne croire pas sur vn simple, l'on-dit,

Que i'ay donné deſſus la fripperie
De ce ✱✱✱✱ apres lequel on crie;
Et ſur lequel toûjours on donnera,
Tant que la guerre à la Muze il fera.
Sans me vanter, alors que faute d'armes
Contre quelqu'vn i'vzeray de mes carmes,
Ie ſçay fort bien ſans l'auoir pratiqué,
Comme on ſera de mon ſtyle piqué.
Ie fay pleurer encore mieux que rire;
Et le matras que ma foible main tire,
Irreuocable, alors qu'il eſt tiré,
Va bien auant, s'il n'eſt pas bien paré:
S'il ne ſe pend, il faudra qu'il enrage:
Celuy pour qui par haine ou pour outrage,
Qu'il m'aura fait, ſans l'auoir offenſé,
Le Vers plaiſant, ma Muſe aura laiſſé
Pour ſe ſeruir du trait de la ſatyre;
Qui plaiſt & mord, qui fait pleurer & rire;
Mais, grace à Dieu, ma generoſité
Met à couuert ceux qui m'ont irrité.
Le ✱✱✱ de moy né doit rien craindre,
Puis que de luy i'ay ſujet de me plaindre;
Ie l'ay loüé, ſans raiſon, comme on ſçait,
Auec raiſon i'en ſuis mal ſatisfait;

Mais l'ayant mis dans le Ciel comme vn Ange,
Ie n'iray pas le ietter dans la fange.
Ie payeray de mespris son mespris,
Et de mes Vers, mes Vers seront le prix.
La pension que la Reine propice
M'auoit promis sur quelque Benefice,
Ne flatte plus mon espoir mal fondé;
Ie prens le cas que c'est vn coup de dé.
Ce ✱✱✱✱✱✱✱ qui vers moy la rend chiche,
M'apauurissant, n'en sera pas plus riche.
Malgré son nom, mon bien-aimé Tiphon
Sera prisé pour son style bouffon ;
Et seruira de planche à d'autres pieces,
Qui sans parler de l'Oncle ni des Niepces,
Du Ministere, & de tous ses abus,
M'erigeront en mignon de Phebus.
Si ce Prelat malgré luy debonnaire
A peur de moy, qui l'empesche de faire
Vn beau matin le Poëte assommer?
C'est vn chemin plus court que l'affamer;
Ou bien s'il veut sans mettre main en bource
Dont il a peur de voir tarir la source,
Sans s'appauurir me faire vn peu de bien;
I'ay pour cela, me semble, vn beau moyen,

Qu'il me fourniße, ou bien à mon Libraire,
Vn Priuilege, ainſi qu'il le peut faire
Pour debiter ou vendre impunément
Dedans Paris trois cens Vers ſeulement,
Qui ſeront faits ainſi que ie les penſe;
Ie luy promets donner pour recompenſe
Deux cents écus en bel argent content:
A vous Monſieur ſi vous voulez autant,
Et ſi i'auray de reſte, moy pauure homme,
Aßeurément vne aßez große ſomme;
Ou bien mes Vers comme par rareté,
En mon eſprit ſeront en ſeureté,
En attendant vne ſaiſon meilleure.
Et cependant cher Monſieur, ie demeure,

Voſtre tres-humble, &
tres &cetera.

CHANSON.

BEaux yeux noirs, miracles d'amour,
Où les graces font leur sejour,
Aimables ennemis dont i'adore les charmes!
Helas vous paroissez si doux !
Et vous ne me causez que soûpirs & que larmes,
Est-cé bien fait à vous ?

Ma raison par de vains discours,
Voyant le peril que ie cours,
D'éuiter vos regards sans cesse me conseille;
Mais ie la croy moins que mes yeux.
Ie connois pourtant bien, en luy fermant l'oreille,
Qu'elle conseille mieux.

Vos yeux sont doux ; mais vostre humeur
N'a pour moy que de la rigueur,
Quittez cette rigueur à vos yeux si contraire.
Philis ! vous n'y hazardez rien,
Et suiuant mon conseil vous n'aurez rien à faire
Que ie ne fasse bien.

SONNET.

SONNET

SVR LES AFFAIRES DV TEMPS.

LE Roy s'en est allé, son Eminence aussi;
Le Courtisan escroc sans contenter son hoste,
Iurant qu'à son retour il comptera sans faute,
Pique le grand chemin en bottes de Roucy?

Les Officiers du Roy sont fort rares icy,
Et la gent de Iustice, & celle de Maltoste,
A le haut du paué, & va la teste haute,
En l'absence du Roy, qui va vers Baugency.

Les faux-bourgs ne sont plus infectez du foudrille,
Enfin toute la Cour vers la Guyenne drille;
Les vns disent que si, les vns disent que non.

On dit que l'on va faire vn exemple en Guyenne,
On dit que sans rien faire il faudra qu'on reuienne,
Et moy ie voudrois bien auoir vn bon Melon.

F I N.

M

Extraict du Priuilege du Roy.

PAR grace & Priuilege du Roy donné à Paris le 26. iour d'Aoust 1650. Signé, Par le Roy en son Conseil, LE BRVN. Il est permis à Toussainct Qiunet Marchand Libraire à Paris, d'imprimer ou faire imprimer, vendre & distribüer vn Liure intitulé, *Les Oeuures Burlesques de Monsieur Scarron, Troisiesme Parties*, pendant le temps de sept ans entiers & accomplis. Et defenses sont faites à tous Imprimeurs, Libraires & autres, de contrefaire ledit Liure, ni le vendre ou exposer en vente d'autre impression que de celle qu'il a fait faire, à peine de trois mil liures d'amende, & de tous dépens, dommages & interests, ainsi qu'il est plus amplement porté par lesdittes Lettres, qui seront en vertu du present Extraict tenuës pour bien & deuëment signifiées, à ce qu'aucun n'en pretende cause d'ignorance.

Acheué d'imprimer pour la premiere fois le 12. Septembre 1650.

Les Exemplaires ont esté fournis.